BEI GRIN MACHT SICH IHR WISSEN BEZAHLT

Hanno Frey

Kurzvortrag zu: Gutzkows Wally, "Die Zweiflerin"

GRIN Verlag

Bibliografische Information der Deutschen Nationalbibliothek:

Die Deutsche Bibliothek verzeichnet diese Publikation in der Deutschen National-
bibliografie; detaillierte bibliografische Daten sind im Internet über http://dnb.d-
nb.de/ abrufbar.

Impressum:

Copyright © 2002 GRIN Verlag GmbH
Druck und Bindung: Books on Demand GmbH, Norderstedt Germany
ISBN: 978-3-640-25667-9

Dieses Buch bei GRIN:

http://www.grin.com/de/e-book/15583/kurzvortrag-zu-gutzkows-wally-die-zweiflerin

Gutzkows Wally, die Zweiflerin

von

Hanno Frey

Referat zu Gutzkows "Wally, die Zweiflerin"

Im Rahmen des Seminars II: Zwischen Revolution und Reformation

Universität Hamburg

WiSe 2001/ 2002

Gliederung

1 Motive des Autors

„Wally, die Zweiflerin" ist ein literaturgeschichtlich sehr umstrittener Roman. So wird er vom Kritiker Fester als *„folgenschwere Jugendsünde eines bedeutenden Mannes"* eingeschätzt und Sengle sieht in ihm die Arbeit des *„halben Talente(s)" Gutzkows, von dem „sich die Literaturgeschichte noch immer (…) blenden lasse"*. Letztendlich ist der Roman wohl auch vor allem deshalb schwierig zu beurteilen, weil die Motive, aus denen heraus Gutzkow ihn schrieb, miteinander schwer zu vereinbaren waren.

1.1 Gutzkow als Berufsschriftsteller

In einem Brief an Georg Büchner äußerte sich Gutzkow über seinen Roman wie folgt: *„Zuletzt hab` ich in der Hast von 3 Wochen (schnelle Arbeiten sind die besten) einen Roman geschrieben: Wally, die Zweiflerin"*. Hier, wie in anderen Dokumenten dieser Zeit, wird deutlich, dass Gutzkow bestrebt sein musste, schnell und viel zu schreiben, wenn er durch Literatur seinen Lebensunterhalt sichern wollte. Dabei trat die Tatsache erschwerend hinzu, dass Gutzkow noch relativ unbekannt war und seine ersten Erfolge bestätigen musste, um für den Literaturbetrieb interessant zu bleiben.

1.2 Gutzkow als Zeitschriftsteller

Die Fragen, die Gutzkow in seinem Roman aufwirft und behandelt, entsprachen der zeitgenössischen Diskussion und hatten für Gutzkow zudem auch persönliche Bedeutung. Über die intendierte Aussage seines Romans äußerte er sich einmal so *„wenn er (der Roman) eine Tendenz hatte, war es diese, in einer Kirche, wo ich meine heuchlerischen Freunde beten sah, eine Rakete aufsteigen zu lassen"*. Wie im Roman deutlich wird, richtet sich Gutzkow tatsächlich gegen die Verlogenheit der bürgerlichen Gesellschaft und die Doppelmoral, die Christentum und Lebensstil in ein starkes Spannungsverhältnis setzt. Allerdings ging es ihm keinesfalls darum, dieses Spannungsverhältnis aufzulösen und das Christentum mit der modernen Zeit in Einklang zu bringen; eher beabsichtigte er, das Christentum als generell weltfremd darzustellen.

1.3 Kunst

Gutzkows dritter Beweggrund war auf den *künstlerischen Wert* seines Romans hin angelegt. Wie sich auch bei der Inhaltsanalyse zeigen wird, wollte Gutzkow moderne Poesie schreiben. Unter moderner Poesie verstand er *„eine ideelle Opposition, ein dichterisches Gegenteil der Zeit"*. Damit richtet er sich deutlich gegen eine Nachbildung der Wirklichkeit in der Kunst.

In *Wally* zeigt er dies; er beschreibt das Unmögliche: Verhältnisse, in denen die Institutionen in Sitte, Meinung und politischer Einrichtung suspendiert sind, denn an sie Glauben wir (nach Gutzkows Meinung) zu Unrecht. Der Roman geht der Frage nach, was passiert, wenn wir all das über Bord werfen und er zeigt ein glückliches (Cäsar) und ein unglückliches (Wally) Ende.

Das diese drei Motive nur sehr begrenzt vereinbar waren, dürfte einleuchten Wenn man sich noch einmal vor Augen führt, was Gutzkow wollte, dann kommt man zu folgender Aussage: Innerhalb der drei Wochen, die er am Werk arbeitete, wollte er ein künstlerisch wertvolles Produkt abliefern, dass am Puls der Zeit sein sollte. Es sollte profitabel sein und Zustände der Zeit derart scharf kritisieren, dass seine heuchlerischen Freunde dadurch entlarvt werden.

2 Inhalt

These:

Der Roman weist eine stark heterogene Struktur (Tagebuch, Romanhandlung, Bärbel, Sigunenszene) auf. Es lassen sich sowohl erzählende als auch reflexive Passagen finden. Gutzkow konnte so ein breites Publikum treffen.

> *„Mein Roman schildert Charaktere, die den Haltpunkt ihres Lebens verloren haben und als Hauptcharakter eine Person, die solchen zu finden sucht" (Karl, Gutzkow, Appellation an den gesunden Menschenverstand, 1835)*

Im **Handlungszentrum** steht die Liebesbeziehung zwischen einer jungen, wohlhabenden Dame (Wally) und Cäsar, einer intellektuellen Figur, die jungdeutsche Züge trägt. Ihre Liebe bleibt unerfüllt. Wally geht eine Konveniezehe mit dem sardischen Gesandten ein, in der sie bloßes Objekt bleibt, und flüchtet schließlich wieder in Cäsars Arme. Cäsar jedoch wendet sich Delphine, einer faszinierenden Jüdin, zu und erschüttert durch die religionskritischen Schriften, die er Wally zusendet, ihr Weltbild. Ohne inneren und äußeren Halt begeht Wally Selbstmord.

In den **reflexiven Schriften** des Romans geht es vor allem um eine rationale Bibel- und Religionskritik. So wird die Figur Jesus zwar als edler Mensch gewürdigt, aber eben gleichsam als Mensch entlarvt. Die angeblich auf Jesus basierende Religion und die Kirche sei nur eine Erfindung der Jünger, so heißt es. Im Roman wird stattdessen eine Naturreligion entwickelt, die vor allem den entscheidenden Vorteil der Förderung des Fortschritts besitzt. Die traditionelle Religion wird stark kritisiert, denn sie stehe Fortschritt, Liebe und Glück im Wege und wer sich an ihr festhalten wolle, der gehe, wie Wally, zugrunde. Als Gegenfigur zu Wally sucht und findet Cäsar Gott nicht im Jenseits sondern im Diesseits und befürwortet eine Eheform, die durch die Liebe allein geheiligt wird[1].

3 Rezeption

Bei der Rezeption ist zwischen der zeitgenössischen und der späteren zu unterscheiden.

3.1 Zeitgenössische Rezeption

Die Öffentlichkeit war von Gutzkows Roman gleichermaßen schockiert wie fasziniert. Zwar beinhaltete der Roman kaum neue Themen, aber durch die Form der Umsetzung erreichte Gutzkow ein wesentlich breiteres Publikum, als die wissenschaftlichen oder theologischen Schriften der Zeit. Nicht zuletzt deshalb wurde „Wally" schon bald verboten. Allerdings erreichte man dadurch kaum das angestrebte Ziel, wie eine zeitgenössische Beobachtung veranschaulicht: Ein Konfident bemerkte, der Roman sei *„hier total vergriffen, denn es waren die Buchhändler nicht imstande, die im Geheimen von Privaten begehrten Exemplare für den zwei- und dreifachen Preis (...) zu liefern"*. Der Grund hierfür wurde gleich mitgeliefert: *„Man debattiert über die Tendenz des jungen Deutschland und, um richtig zu gehen, sucht man sich die Bücher derselben zu verschaffen"*. Tatsächlich begeisterten sich nicht nur die Gebildeten sondern auch Personen der unteren Schichten für Gutzkows Roman, wie ein zeitgenössischer Konfidentenbericht vom 24.12.1835 verdeutlicht. Hier heißt es: „Die Wirkungen der Lektüre der „Wally" von Gutzkow äußern sich nun auch mehr und mehr in den unteren Ständen und an öffentlichen Orten. In dem Wirtshaus von Zöllner (...) verglich dieser Tage ein Handwerksbursche, der die „Wally" gelesen, Gutzkow mit dem Reformator Luther. Der Handwerksbursche bemerkte, Gutzkow und seine Freunde wollten eine neue Religion einführen, was auch ganz vernünftig sei; die Religion des jungen Deutschland sei besser als die übrigen."

---

[1] „Der Staat sollte niemals die Ehe bürgerlich vollziehen lassen bis nicht ein Kind vorhanden ist, welches das Dasein der Liebe vorher ausweisen muß" (50) vgl.: auch „Sie fühlte, dass das wahrhaft Poetische höher steht, als alle Gesetze der Moral" (54).

3.1.1 Menzel

Schon bevor Menzel seine Angriffe gegen Wally startete, wurde in einem Artikel im „Allgemeinen Buchhändler- Börsenblatt" vom 5.9. 1835 Wally als *„Missgeburt des schon berüchtigt gewordenen H. Gutzkow"* bezeichnet, an welcher *„nichts weiter zweifelhaft ist, als ob die Unverschämtheit oder Verruchtheit noch weiter gehen könne, mit glatten Worten sich an der Menschheit überhaupt, am Christenthume insbesondere zu erfrechen im frechen Hohn und Dünkel"*[2]. Diese Äußerung, die gewiss auch marktwirtschaftlich motiviert war, bereitete den Boden für Menzels Kritiken der „Wally". Die ersten erschien in seinem „Literatur- Blatt" Nr. 93 und 94 vom 11. und 14. September 1835. Hier beschreibt er Gutzkows Roman als „vor Frechheit und Immoralität schwarz aufgequollen" und verpflichtete sich, sein Leben lang gegen „Schändlichkeiten dieser Art" vorzugehen. Menzels Kritik erweist sich als nicht selten sachlich falsch und polemisch[3]. Gutzkow beantwortete den Angriff mit einer „Erklärung gegen Dr. Menzel in Stuttgart" in der „Allgemeinen Zeitung". Allerdings verteidigte er hierin nicht seine Wally sondern beschrieb lediglich die Gründe, die zur Trennung zwischen ihm und Menzel geführt hatten. Schließlich forderte Gutzkow Menzel zum Duell, was dieser jedoch mit der Begründung ablehnte, er erwarte seinen Gegner nicht hinter Hecken und Zäunen sondern auf dem offenen Felde der Literatur. Gutzkow beantwortet diese Haltung mit zwei Worten „Pfui Menzel". Menzel setzte seine Angriffe auf Gutzkow am 28.9 mit einer „Zweiten Abfertigung des Dr. Gutzkow" fort. Die schriftliche Auseinandersetzung ging weiter.

Über die Gründe für Menzels scharfe Verurteilung der „Wally" wurde und wird viel diskutiert. Dabei tauchen immer wieder folgende Thesen auf:

1. **These 1:** <u>Menzel, als ehemaliger Oppositioneller, musste sich gegenüber Gutzkow abgrenzen</u>: Grabau setzte in seiner Schrift „Heinrich Heine und ein Blick auf unsere Zeit" (1834) Menzel auf dieselbe Stufe wie Heine und Börne und schrieb „Die von ihrer Partei am fähigsten gehalten wurden, waren zwei abtrünnige Juden, Ludwig Börne und Heinrich Heine. Zu ihnen gesellte sich Wolfgang Menzel, alsdann H. Laube und L. Wienbarg". Tatsächlich war Menzel in seiner Jugend- und Studienzeit politisch links einzuordnen und bekämpfte die Restaurationspolitik Metternichs. Diese Haltung gab er allerdings nach der Julirevolution auf. Von diesem Zeitpunkt an dachte

---

[2] Wabnegger, 86.
[3] Vgl. Wagnegger (90): Gutzkow sehe sich als Kopf der Jungdeutschen Bewegung; er und die anderen Jungdeutschen unterstützten sich bedingungslos (Gutzkow tat dies nicht).

er stark national und konservativ, teilweise auch rassistisch. Dass Gutzkow zudem lange Zeit von Menzel protegiert worden war wird als weiterer Beweis dieser These angesehen. Diese Tatsache griff Menzel in seinen Schriften auch direkt auf, wie folgendes Zitat zeigt:

> *„Daß ich es nicht vermocht habe, Herrn Gutzkow auf der Bahn der Tugend und Ehre, auf der er einst mir nachkam, festzuhalten, tut mir leid, denn es geht ihm ein schönes Talent verloren. Ich habe jedoch keine Schuld daran. Von mir hat er keine Lehren erhalten, als die eines Mannes von Ehre würdig sind. In dem ersten Augenblick, da der unsaubere Geist in ihm deutlich aus seiner Maske hervorsah, habe ich ihm die Tür gewiesen und den Schmutz seiner Nähe von der reinlichen Schwelle meines Hauses hinweggefegt." (275)*

2. **These 2:** Menzel wollte Gutzkow ausschalten, weil er ein direkter Konkurrent war. (Gutzkows Phönix zu Menzels Morgenblatt?)

3. **These 3:** Menzels Aktionen hatten kaum einen Einfluss, weil ein Verbot jungdeutscher Literatur schon lange geplant war und hatte bisher nur deshalb nicht stattgefunden, weil sich die jungdeutschen Autoren nicht politisch betätigten.. Diese These wird durch die Tatsache gestützt, dass Gutzkow bereits seit dem August 1835 durch Spione des Generalpostmeisters Nagler beobachtet wurde. Folgerichtig wird Gutzkow im Gutachten des Oberzensurkollegiums vom 18.9.. 1835 als längst übelberüchtigter Verfasser bezeichnet.

3.2 Gutzkow und Löwenthal

Gutzkows Roman war das erste Verlagsobjekt des jungen Verlegers Löwenthal. Gutzkow und Löwenthal waren Studienfreunde und Löwenthal drängte Gutzkow, ein Buch zu schreiben, mit er debütieren konnte. Allerdings wurde der Roman gedruckt, ohne dass der Verleger Löwenthal vorher auch nur eine Zeile gelesen hatte. Löwenthal konnte also nicht wissen, in welchem Umfang Gutzkow Kritik an Religion und Gesellschaft übte. Allerdings hätte er „Wally" wahrscheinlich auf jeden Fall gedruckt, denn es war sein erklärtes Ziel, *„dem verderblichen Treiben der industriellen Literatur durch Werke entgegenzutreten, die dem deutschen Buchhandel sowohl wie der deutschen Literatur zur Ehre gereichen sollen"*[4]. Doch

---

[4] Wabnegger, 63.

dazu sollte er nicht lange Gelegenheit haben: Am 14.11 1835 erfolgte ein generelles Verbot aller Veröffentlichungen des Löwenthalschen Verlags für Preußen.

3.3 Spätere Kritik

Auch in der späteren Literaturkritik war und ist die „Wally" umstritten, wie folgende Zitate zeigen:

1. *„Unreif, willkürlich und geschmacklos ist auch der Roman Wally, die Zweiflerin".*
   (Anselm Salzer, 1927)

2. *„Dieser Aufsehen und Unwillen erregende, dramatische Wirkung zeigende Roman erscheint heutigen Lesern eher als langweilige Lektüre, deren erotische Partien auf charakteristische Nöte schließen lassen und durch theatralische Beiklänge nicht gerade gewinnen" (Bernd Wegener, 1977)*

3. *„Das kleine Buch ist also reich an Aufschlüssen über seine Zeit. Die Geschichte seiner Wirkungen ist es nicht minder". (Jost Schillemeit, 1965)*

Letztendlich kann man wohl Gutzkow selbst zitieren, um all diesen Einschätzungen zu antworten:

4. *„Indessen, ein leises Fürwort möcht´ ich für ein gewisses Colorit des kleinen Buches doch einlegen. Es ist so aphoristisch, skizzenartig, lakonisch hingeworfen, dass ich meine literarischen Collegen bitte, nicht immer die literaturgeschichtliche Verurteilung, sondern lieber das Corpus delicti selbst noch einmal zu lesen" (Gutzkow, 1851)*

4 Zeittafel

12.8.1835: Veröffentlichung von Wally in Carl Löwenthals Verlagsbuchhandlung in Mannheim (1. Auflage: 800 Stück)

24.9. 1835: Verbot von Wally in Preußen

17.10.1835: Verbot der Wally in Bayern

14.11.1835: generelles Verbot aller Veröffentlichungen des Löwenthalschen Verlags für Preußen.

5 Literaturverzeichnis

GUTZKOW, Karl: Wally, die Zweiflerin, bibliographisch ergänzte Ausgabe, Philipp Reclam Verlag, Stuttgart, 1998.

KÖSTER, Udo: Literatur und Gesellschaft in Deutschland 1835-1848: Die Dichtung am Ende der Kunstperiode, Kohlhammer Verlag, Stuttgart, 1984.

WABNEGGER, Erwin: Literaturskandal, Königshausen & Neumann, Würzburg, 1987.